भारतीय संस्कृति में

हम ऐसा क्यों करते हैं ...

स्वामिनी विमलानंद *और* **राधिका कृष्णकुमार**

हिन्दी अनुवादक :

श्री मोहन लाल गर्ग

सेन्ट्रल चिन्मय मिशन ट्रस्ट

प्रथम संस्करण - १९९९ से जनवरी २०१२ - २३,००० प्रतियाँ
पुनःप्रकाशित - अक्तूबर २०१४ - फरवरी २०२४ - ८,००० प्रतियाँ
पुनःप्रकाशित - जनवरी २०२६ - ४,००० प्रतियाँ

प्रकाशकः
चिन्मय प्रकाशन
सेन्ट्रल चिन्मय मिशन ट्रस्ट का प्रकाशन विभाग
सान्दीपनी साधनालय, साकी विहार रोड, पवई, मुम्बई - ४०० ०७२., भारत.
टेली.: +९१-२२-२८०३ ४९००
ई-मेलः ccmtpublications@chinmayamission.com
वेब साईटः www.chinmayamission.com

अमेरिका में वितरण केन्द्रः
चिन्मय पब्लिकेशन्स वेस्ट
५६० ब्रिजटाऊन पाइक, फिस्टरवील, पी ए १९०५३-७२४०, यू एस ए
दूरध्वनिः (२१५)३९६-०३९०, फॅक्सः (२१५)३९६-९७१०
ई-मेलः publications@chinmayamission.org
वेब साईटः www.chinmayapublications.com

रूपरेखाः चिन्मय कल्पनम्, मुम्बई.

मुद्रणः उषा मल्टीग्राफिक्स प्रा. लि., मुंबई

ISBN: 978-81-7597-069-4

प्रस्तावना

भारतीय संस्कृति, अपनी सुन्दरता और गहनता के लिए संसार में सर्वत्र प्रशंसनीय और आदरणीय है। इस पुस्तक में हमारी संस्कृति की सुन्दरता की साधारण बातों को प्रस्तुत किया गया है। लगभग प्रत्येक भारतीय प्रथा और परम्परा का या तो वैज्ञानिक, तर्कसंगत, ऐतिहासिक, सामाजिक या फिर आध्यात्मिक महत्त्व है। इस बात को समझ लेने से हमारी प्रथाएँ कुछ अर्थपूर्ण बन जाएंगी, नहीं तो इनका अनुगमन यन्त्रवत् बन जाता है। इन्हें अंध-विश्वास मान लिया जाता है और समय के साथ ये लुप्त हो जाती हैं।

हमारी संस्कृति की एक अद्वितीय विशेषता है, स्वयं को सदा नवीन बनाए रखने की क्षमता। जो प्रथाएँ पुरानी हो गई हैं, उन्हें क्रमशः हमारी संस्कृति से समाप्त कर दिया गया है, जैसे काफी हद तक मानव-बलि और पशु-बलि, सती, अस्पृश्यता आदि की प्रथाएँ। हमारी संस्कृति यह सुनिश्चित करती है कि हमारी भारतीय जीवन-पद्धति अपने मूल स्वरूप को अक्षुण्ण रखते हुए आधुनिक तकनीकी युग के सर्वोत्तम बिंदुओं को स्वयं

में आत्मसात कर सके; और तदनुकूल वह स्वयं को उसी दिशा में निरन्तर ढालती रहती है। उसकी इसी अनुकूलनशीलता ने इस देश को यह शक्ति और सामर्थ्य प्रदान किया है कि आज भारत विश्व की प्राचीनतम जीवन्त सभ्यता के रूप में सर्वमान्य है। प्रस्तुत पुस्तक में जिन प्रथाओं और परम्पराओं का उल्लेख किया गया है वे सीधी सादी हैं, समय की कसौटी पर खरी उतर चुकी हैं और आज भी कितने ही भारतीय घरों का अभिन्न अंग बनी हुई हैं।

पूज्य गुरुदेव स्वामी चिन्मयानंद जी ने इस बात पर बहुत बल दिया था कि हिन्दू धर्म में प्रचलित प्रतीकों को इस प्रकार समझाकर स्पष्ट किया जाए जो तर्क-संगत और विज्ञान-सम्मत हो, साथ ही आज के आधुनिक मानव के मन को अपील करे, उसे ग्राह्य हो ताकि देश में एक भव्य सांस्कृतिक पुनर्जागरण का प्रादुर्भाव हो पावे।

यह पुस्तक उन महान गुरु को सादर समर्पित है जिन्होंने अपना सम्पूर्ण जीवन भारतीय संस्कृति और दर्शन की गरिमा को संसार की नज़रों में ऊपर उठाने में लगा दिया।

अनुक्रमणिका

हम दीप क्यों जलाते हैं?

लगभग प्रत्येक भारतीय घर में प्रतिदिन भगवान् की वेदी के सामने दीप जलाया जाता है। कुछ घरों में प्रात:काल दीप जलाया जाता है, कुछ में दिन में दो बार – प्रातः और संध्या के समय – और कुछ घरों में तो यह लगातार जलता रहता है – अखण्ड ज्योति के रूप में।

दैनिक पूजा, अनुष्ठान, त्यौहार आदि सभी शुभ कार्य और पर्व और बहुत से सामाजिक समारोहों के उद्घाटन आदि भी दीप जला कर प्रारम्भ किये जाते हैं और दीप प्रायः समारोह के अन्त तक जलता रखा जाता है।

हम दीप क्यों जलाते हैं?

प्रकाश 'ज्ञान' का प्रतीक है और अंधकार 'अज्ञान' का। ब्रह्म वह चैतन्य तत्त्व है जो हमारे सम्पूर्ण ज्ञान का मूल स्रोत है और उसे अनुप्राणित करता है तथा उसका प्रकाशक भी है। अतः प्रकाश की पूजा स्वयं ब्रह्म के रूप में की जाती है।

जिस प्रकार प्रकाश अंधकार को मिटा देता है उसी प्रकार 'ज्ञान' अज्ञान का नाश कर देता है । 'ज्ञान' एक ऐसी चिरस्थायी आन्तरिक सम्पति है, जिसके द्वारा सभी बाह्य उपलब्धियाँ सम्पन्न की जा सकती हैं । अतः हम 'ज्ञान' की इस सर्वोत्कृष्ट सम्पत्ति को नमस्कार करने के लिए दीप जलाते हैं । ज्ञान हमारे अच्छे बुरे सभी कर्मों का समर्थन करता है। इस लिए सभी शुभ समारोहों पर हम अपने विचारों और कर्मों के साक्षी के रूप में दीप जलाकर रखते हैं ।

बिजली का बल्ब या ट्यूब क्यों न जलाएँ जाएँ? वे भी तो अंधकार को दूर करते हैं। परन्तु परम्परागत तैल-दीप जलाने का एक और भी आध्यात्मिक महत्त्व है। दीपक का तेल अथवा घी हमारी वासनाओं का प्रतीक है और बत्ती हमारे 'अहं' की प्रतीक है। आध्यात्मिक ज्ञान के द्वारा प्रज्वलित होकर हमारी वासनाएँ धीरे-धीरे क्षीण होने लगती हैं और अन्त में, हमारे 'अहं' का भी नाश हो जाता है। दीपक की लौ सदा ऊपर की ओर जलती है। उसी प्रकार हम ऐसा ज्ञान अर्जित करें जो हमें उच्चतर आदर्शों की ओर ले जाए।

एक अकेला दीपक सैकड़ो और दीपों को प्रकाश दे सकता है, ठीक उसी प्रकार 'ज्ञानी' और बहुतों को ज्ञान प्रदान

कर सकता है। बहुत से दीप जलाने के बावजूद भी उस दीप के प्रकाश का तेज कभी कम नहीं होता। उसी प्रकार ज्ञान दूसरों के साथ बांटने से अथवा दूसरों को देने से कभी कम नहीं होता। बल्कि, देने से तो इसकी स्पष्टता और तत्संबंधी दृढ़ धारणा और बढ़ेगी। यह तो लेने वाले और देने वाले दोनों के लिए लाभदायक सिद्ध होगा।

दीप जलाते समय हम यह प्रार्थना करते हैं :–

दीपज्योतिः परब्रह्म दीपः सर्वतमोऽपहः।
दीपेन साध्यते सर्वं सन्ध्यादीप नमोऽस्तुते।।

मैं प्रातः संध्या दीप को प्रणाम करता हूँ, जिसका प्रकाश ज्ञान-तत्त्व (ब्रह्म) है, जो अज्ञान के अंधकार को मिटाता है और जिसके द्वारा जीवन में सब कुछ प्राप्त किया जा सकता है।

एक घर की शोभा कैसे सम्भव है
एक सुन्दर दीप के प्रकाश के बिना?
एक मन की शोभा कैसे सम्भव है
गहन चैतन्य के प्रकाश के बिना?

– स्वामी चिन्मयानन्द

इस प्रकार हमारी सशक्त संस्कृति ऐसी अनेक बौद्धिक और आध्यात्मिक अर्थ वाली प्रथाओं से भरी पड़ी है।

हम घर में प्रार्थना-कक्ष क्यों रखते हैं?

अधिकांश भारतीय घरों में एक प्रार्थना कक्ष अथवा पूजा-स्थान होता है। वहाँ प्रतिदिन दीप जलाया जाता है और भगवान् की पूजा की जाती है। जप, ध्यान, पारायण (धर्मग्रन्थों का पठन), प्रार्थना, भजन आदि आध्यात्मिक साधनाएँ भी इस स्थान पर की जाती हैं। जन्मदिन, जयंती, उत्सवों आदि शुभ अवसरों पर विशेष पूजा की जाती है। परिवार का छोटा-बड़ा प्रत्येक सदस्य इसी स्थान पर पूजा करता है और अपने भगवान् से संलाप करता है।

हम घर में प्रार्थना-कक्ष क्यों रखते हैं?

ईश्वर सम्पूर्ण सृष्टि के स्वामी हैं। इसलिए हमारे घर के वास्तविक स्वामी भी वही हैं। प्रार्थना कक्ष गृह-स्वामी का स्थान है। हम तो उसकी सम्पत्ति के सांसारिक अधिभोक्ता मात्र हैं। ऐसी धारणा हमें अपने इस झूठे अभिमान से भी दूर करती है कि सम्पत्ति के मालिक हम हैं।

M.S

हममें आदर्श मनोवृत्ति यही होनी चाहिए कि भगवान् हमारे और हमारे घरों के वास्तविक स्वामी हैं और हम उनके घर के रखवाले मात्र हैं। यदि यह कुछ कठिन है, तो हम भगवान् को कम से कम अपना विशेष अभिनंदनीय अतिथि तो समझ ही सकते हैं। जिस प्रकार हम अपने विशेष अतिथि को अपने घर में अधिकाधिक सुविधा प्रदान करते हैं, उसी प्रकार हम अपने घरों में प्रार्थना-कक्ष अथवा पूजा-स्थान बनाकर वहाँ ईश्वर की उपस्थिति का आनन्द-पूर्वक अभिनन्दन करते हैं। यह पूजा-घर सदैव स्वच्छ और सुसज्जित रखा जाता है।

फिर, ईश्वर सर्व व्यापी भी हैं। हम अपने घर में पूजा कक्ष इसलिए भी रखते हैं ताकि यह सदा याद रखें कि ईश्वर हमेशा हमारे घर में हमारे साथ रहते हैं। भगवान् की कृपा के बिना कोई भी कार्य सफलता पूर्वक और आसानी से नहीं किया जा सकता। प्रार्थना-कक्ष में प्रतिदिन और विशेष अवसरों पर हम ईश्वर के निकट मानों उनसे संलाप करके उनकी कृपा का आह्वान करते हैं।

घर का हर कमरा किसी, विशिष्ट कार्य के लिए निश्चित होता है – जैसे सोने का कमरा विश्राम के लिए,

बैठक अतिथि – स्वागत के लिए, रसोईघर-खाना पकाने के लिए। प्रत्येक कमरे की साज सज्जा और वातावरण, उसके विशेष प्रयोजन के अनुसार ही रखा जाता है। उसी प्रकार ध्यान साधना, पूजा, प्रार्थना आदि के लिए भी अनुकूल वातावरण चाहिए। इसलिए पूजा-कक्ष आवश्यक है।

पवित्र विचार और ध्वनि-तरंगें किसी भी स्थान में व्याप्त होती हैं और वहाँ रहने वाले लोगों के मानस-पटल पर अपना प्रभाव डालती हैं। तो नियमित ध्यान, साधना, पूजा, मंत्र-जाप के द्वारा संचित आध्यात्मिक विचार और तरंगें प्रार्थना कक्ष में व्याप्त हो जाती हैं। जब हम थके हुए या अशान्त चित्त होते हैं, तब पूजा-कक्ष में थोड़ी देर बैठने से ही, हमें शांति मिलती है, हम स्फूर्त हो उठते हैं और आत्मिक रूप से उन्नत अनुभव करने लगते हैं।

हम नमस्ते क्यों करते हैं?

भारतीय एक दूसरे का अभिवादन नमस्ते से करते हैं। 'नमस्ते' बोलते समय दोनों हथेलियों को जोड़कर हृदय स्थल के आगे लाते हैं और नतमस्तक होते हैं। यह अभिवादन अपने से छोटे, बराबर आयु के, बड़े, मित्र और अपरिचित सभी को किया जाता है।

शास्त्रों में औपचारिक परम्परागत अभिवादन की पाँच विधाएं बताई गयी हैं – जिनमें से एक 'नमस्कार' है। 'नमस्कार' का अर्थ साष्टांग प्रणाम समझा जाता है, परन्तु वास्तव में यह सम्मान सूचक ही है – जैसा कि हम आजकल एक दूसरे का अभिवादन नमस्ते से करते हैं।

हम नमस्ते क्यों करते हैं?

'नमस्ते' केवल एक औपचारिक या अनौपचारिक अभिवादन भी हो सकता है, एक सांस्कृतिक परम्परा भी और एक पूजा विधि भी। वास्तव में, इसके और बहुत से अर्थ भी

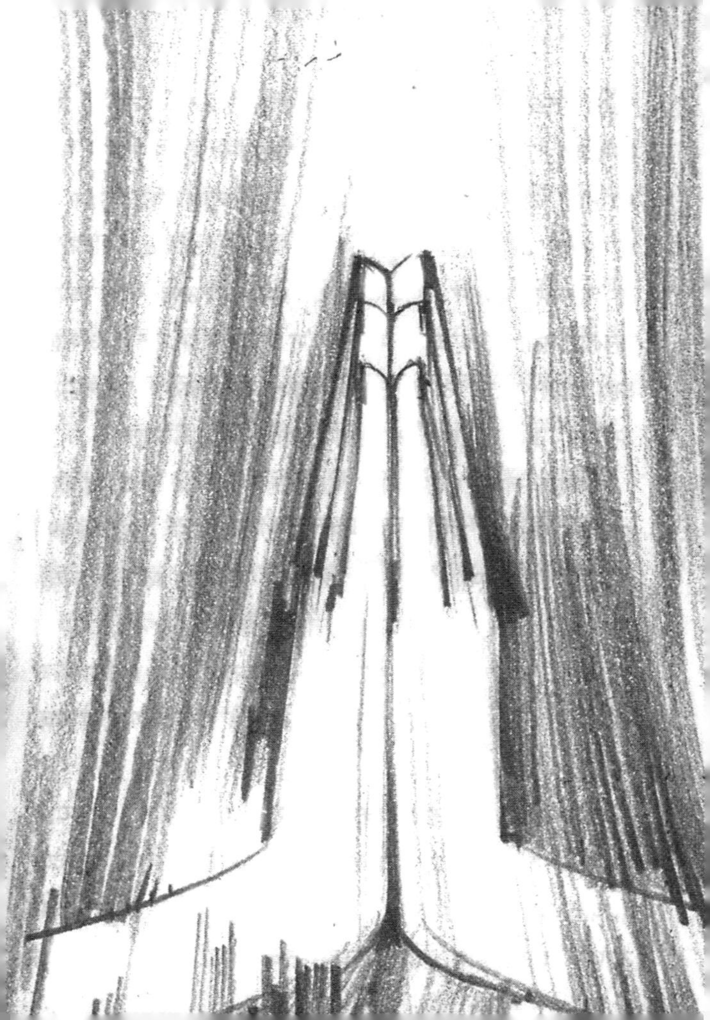

निकलते हैं। संस्कृत में नमः + ते = नमस्ते। अर्थात् मैं नमन् करता हूँ, अभिवादन करता हूँ, या आपको प्रणाम करता हूँ। नमः का शाब्दिक अर्थ 'न अहं' भी हो सकता है अर्थात् मैं नहीं। इसका आध्यात्मिक आशय दूसरों के सामने हमारे 'अहं' को समाप्त अथवा कम करना भी है।

लोगों के आपस में मिलने का सही अर्थ होता है, उनके मन का मिलन। जब हम जुड़ी हथेलियों को हृदय-स्थल के आगे लाकर 'नमस्ते' कहकर एक दूसरे का अभिवादन करते हैं, तो कहना चाहते हैं कि हमारे हृदयों का मिलन हो जाए। नतमस्तक होना प्रेम और नम्रता से मित्रता का हाथ बढ़ाने का एक अति शालीन ढंग है।

नमस्ते का आध्यात्मिक अर्थ और भी गहरा है। चैतन्य शक्ति, देवत्व, आत्मा अथवा ब्रह्म जो मुझ में है, वही सब में व्याप्त है। इस अभिन्नता को स्वीकर करके हम नतमस्तक होकर और हाथ जोड़ कर जब अभिवादन करते हैं तो वास्तव में देवत्व को प्रणाम करते हैं। इसीलिए कई बार जब हम किसी श्रद्धेय व्यक्ति अथवा ईश्वर को नमस्ते कर रहे होते हैं, तो अपनी आँखें बंद कर लेते हैं – मानो अपने अन्दर झाँक रहे हों। इस भाव के साथ साथ हम कभी-कभी 'राम-राम', 'जय

श्री कृष्ण', 'नमो नारायण, 'जय सिया राम, 'ओम् शान्ति' आदि शब्द भी बोलते हैं – जो देवत्व स्वीकार करने का ही सूचक है।

यदि हम इस महत्त्व को समझ लें तो हमारा अभिवादन ऊपरी चेष्टा मात्र अथवा शाब्दिक नहीं रह जाएगा, बल्कि दूसरे व्यक्ति के साथ प्रेम और आदर के वातावरण में और भी गहरे आदान-प्रदान का रास्ता आसान कर देगा।

हम माता-पिता और बड़ों को प्रणाम क्यों करते हैं?

भारतीय जन अपने माता-पिता, बड़ों, शिक्षकों और महात्माओं को उनके चरण छूकर प्रणाम करते हैं। उसके बदले में बड़े हमारे सिर पर अपना हाथ रखकर हमें आशीर्वाद देते हैं। प्रणाम प्रतिदिन किया जाता है, जब भी हम बड़ों से मिलते हैं और विशेषकर नया काम आरम्भ करते समय, जन्म तिथि, पर्व आदि पर तो अवश्य ही प्रणाम करते हैं। कुछ परम्परागत समुदायों में तो प्रणाम के साथ-साथ अभिवादन भी किया जाता है, जो अपना और अपने परिवार का परिचय देने का और उनकी सामाजिक स्थिति बताने का कार्य करता है।

हम प्रणाम क्यों करते हैं?

व्यक्ति पैरों पर खड़ा होता है, प्रणाम करते समय पैरों को छूना, उस उम्र, उस परिपक्वता, उस महानता और दिव्यता के प्रति आदर भाव का सूचक है जिसके मूर्त

स्वरूप हमारे बुजुर्ग रहे हैं। यह हमारे प्रति उनके निःस्वार्थ प्रेम का और हमारे कल्याण के लिए उनके द्वारा किए गए त्याग की हमारी स्वीकृति को प्रकट करता है। यह दूसरों की महानता को नम्रता से स्वीकार करने का एक ढंग भी है। यह परम्परा उन दृढ़ पारिवारिक सम्बन्धों को प्रकट करती है, जो भारत की स्थायी शक्ति का एक अंग हैं।

बड़ों के शुभ संकल्प और आशीर्वाद को भारत में बहुत महत्त्व दिया जाता है। हम उनको प्राप्त करने के लिए प्रणाम करते हैं। अच्छे या सद् विचार वातावरण में सकारात्मक तरंगें फैलाते हैं। प्रेम, दिव्यता और महानता भरे हृदय से उत्पन्न हुई शुभ इच्छाओं में विशाल शक्ति होती है। जब हम नम्रता और आदर से प्रणाम करते हैं, तो बड़ों की शुभ इच्छाओं और आशीर्वाद का आह्वान करते हैं – जो सकारात्मक ऊर्जा का रूप लेकर हमें घेर लेते हैं। इसी कारण से, चाहे प्रणाम की मुद्रा खड़े होकर हो अथवा लेट कर हो, हमारे समस्त शरीर में इस ऊर्जा को प्राप्त करने का सामर्थ्य आ जाता है।

सम्मान प्रकट करने की विभिन्न मुद्राएँ इस प्रकार हैं :-

१) **प्रत्युत्थान** : व्यक्ति के स्वागत के लिए खड़े होना।

२) **नमस्कार** : नमस्ते द्वारा सम्मान करना (इस पर इस पुस्तक में अलग से परिचर्चा है)

३) **उपसंग्रहण** : बड़ों अथवा शिक्षकों के चरण स्पर्श करना।

४) **साष्टांग** : बड़ों के सामने अपने पैरों, घुटनों, छाती, मस्तक और भुजाओं को पूरी तरह भूमि से छुआ कर प्रणाम करना।

५) **प्रत्यभिवादन** : अभिवादन का उत्तर देना।

हमारे शास्त्रों में इसके नियम निर्धारित किए गए हैं कि कौन किस के आगे नतमस्तक होता है। सम्पत्ति, पारिवारिक कीर्ति, आयु, नैतिक शक्ति और आध्यात्मिक ज्ञान वाले व्यक्ति क्रमशः अधिकाधिक आदर के योग्य अधिकारी हैं। यही कारण है कि राजा, भले ही देश का शासक होता है, परन्तु वह धर्मगुरु के आगे नतमस्तक होता है। रामायण और महाभारत जैसे महाकाव्य इस पक्ष को उजागर करती हुई कहानियों से भरे पड़े हैं।

इस प्रकार यह परम्परा लोगों के बीच आपसी प्रेम और आदर का वातावरण पैदा करती है और परिवार और समाज में सद्भाव बढ़ाती है।

हम मस्तक पर तिलक क्यों लगाते हैं?

अधिकांश धर्म-परायण भारतीय, विशेषकर विवाहित नारियाँ मस्तक पर तिलक अथवा बिन्दी लगाती हैं। यह प्रतिदिन स्नान के बाद और विशेष अवसरों पर, औपचारिक पूजा से पहले या बाद में अथवा मन्दिर जाते समय लगाया जाता है। बहुत से समुदायों में तो विवाहित स्त्रियों के लिए अपने मस्तक पर हमेशा कुमकुम लगाए रखना अनिवार्य है। रूढ़िवादी तो विधिवत् धार्मिक अनुष्ठान करके तिलक लगाते हैं। साधुओं के और भगवान् की प्रतिमाओं के मस्तक पर पूजा के रूप में तिलक लगाया जाता है। उत्तर भारत के कई भागों में यह स्वागत का, अतिथि सत्कार का अथवा पुत्र या पति को यात्रा आरम्भ करते समय बिदाई देने का, सम्मानजनक ढंग है। तिलक के विविध रंग और रूप हैं।

यह प्रथा वैदिक काल में प्रचलित नहीं थी। यह पौराणिक काल में लोकप्रिय हुई। कुछ लोगों का विश्वास है कि इसका आरम्भ दक्षिण भारत में हुआ।

हम मस्तक पर किसी प्रकार का चिह्न (तिलक, कुमकुम आदि) क्यों लगाते हैं?

तिलक अथवा कुमकुम लगाने वाले के और दूसरों के भी मन में पवित्रता की भावना जगाता है। यह एक धार्मिक चिह्न समझा जाता है। इसका रूप और रंग लगाने वाले की जाति, उसके सम्प्रदाय, धार्मिक मत अथवा पूज्य देवता की आकृति के अनुसार भिन्न-भिन्न होता है।

प्राचीन समय में, चार जातियों के लोग (वर्ण और रंग-भेद पर आधारित, ब्राह्मण, क्षत्रिय, वैश्य और शूद्र) भिन्न-भिन्न प्रकार के तिलक लगाते थे।

ब्राह्मण, जिनका व्यवसाय पूजा और शिक्षा से जुड़ा था, पवित्रता व्यक्त करनेवाले सफेद चन्दन का तिलक लगाते थे। क्षत्रिय चूँकि सैनिक अथवा योद्धा कोटि के होते थे, वे शूरवीरता-सूचक लाल कुमकुम लगाते थे। वैश्य जो धन-सम्पत्ति उत्पन्न करने वाले व्यापारी होते थे, वे समृद्धि-सूचक केसर अथवा हल्दी का पीला तिलक लगाते थे। शूद्र वर्ग का व्यवसाय बाकी तीनों वर्गों के काम में सहायता करना होता था, वे सेवा व्यक्त करने वाले भस्म, कस्तूरी अथवा चारकोल का काला तिलक लगाते थे। फिर विष्णु के उपासक 'U' आकार

का चन्दन का तिलक लगाते हैं, शिव के पुजारी '=' आकार का भस्म लगाते हैं और देवी के उपासक कुमकुम का लाल बिन्दु लगाते हैं। इस प्रकार भिन्न-भिन्न लोग अलग अलग प्रकार के तिलक लगाते हैं।

चंदन, कुमकुम अथवा भस्म पहले ईश्वर को अर्पण किया जाता है, फिर प्रसाद रूप में अपने मस्तक पर लगाया जाता है। तिलक भृकुटियों के बीच के स्थान पर लगाया जाता है, जो स्मरण-शक्ति और विचार-शक्ति का केन्द्र है। इसे योग की भाषा में 'आज्ञा-चक्र' कहते हैं। तिलक लगाते समय प्रार्थना की जाती है "मैं ईश्वर को याद करता/करती रहूँ। यह पवित्र विचार मेरे सब क्रिया-कलाप में समाया रहे। मेरे सभी कर्म धर्म-सम्मत हों।" यदि हम थोड़े समय के लिए प्रार्थना वाली इस मनोबृत्ति को भूल भी जाएँ, तो भी दूसरों के माथे का तिलक हमें अपने संकल्प की याद दिला देता है। अतः तिलक हमारे लिए ईश्वर का आशीर्वाद है और बुरी वासनाओं और शक्तियों के विरुद्ध हमारी रक्षा करता है।

यों तो हमारा समूचा शरीर – किन्तु विशेषकर मस्तिष्क और भृकुटियों के मध्य का सूक्ष्म स्थान – विद्युत-चुम्बकीय किरणों के रूप में ऊर्जा उत्पन्न करता रहता है। यही कारण है

कि चिन्ता से गर्मी उत्पन्न होती है और सिरदर्द होने लगता है। तिलक अथवा माथे का टीका (बिंदी) मस्तिष्क को ठंडा करते हैं, हमारी रक्षा करते हैं और ऊर्जा का क्षय होने से रोकते हैं। कभी कभी तो पूरे मस्तिष्क पर चन्दन अथवा भस्म लगाया जाता है। प्लास्टिक की बनी बार-बार प्रयोग में आने वाली, चिपकने वाली बिन्दी, जिसे 'टिकली' भी कहते हैं, को लगाने का कोई विशेष लाभ नहीं, यद्यपि यह केवल सजावट का कार्य करती है।

मस्तक पर तिलक या बिंदी लगाने की यह प्रथा भारतीयों की अद्वितीय प्रथा है और कहीं भी आसानी से हमारी पहचान बनाए रखने में सहायक होती है।

कागज़, पुस्तकों और लोगों को हम पैर से क्यों स्पर्श नहीं करते?

भारतीय घरों में, बचपन से ही सिखाया जाता है कि हम कभी भी कागज़ पुस्तकों और लोगों को पैर से स्पर्श न करें। यदि पैर, कागज़, पुस्तकों, संगीत-यंत्रों अथवा शिक्षा से संबंधित किसी वस्तु को अचानक भी लग जाएँ तो बच्चों को सिखाया जाता है कि वे उस वस्तु को हाथों से छूकर क्षमा-याचना के रूप में हाथों को आँखों से लगाएँ।

हम कागज़, पुस्तकों और लोगों को पैर से क्यों स्पर्श नहीं करते?

भारतीयों के लिए 'ज्ञान' पवित्र और दिव्य होता है। इसे सदैव सम्मान देना चाहिए। आजकल हम आध्यात्मिक और भौतिक विषयों को अलग-अलग मानते हैं। परन्तु प्राचीन भारत में – शैक्षिक अथवा आध्यात्मिक – प्रत्येक विषय को उत्कृष्ट और महत्त्वपूर्ण समझा जाता था और गुरु द्वारा गुरुकुल में उसे पढ़ाया जाता था।

M.S

शिक्षा सम्बन्धी किसी वस्तु को पैरों से न लांघने की प्रथा हमें लगातार यह याद दिलाती रहती है कि ज्ञान को हम अपनी संस्कृति में कितना उच्च स्थान देते हैं। पुस्तकों और विद्या के प्रति गहरी श्रद्धा वाली यह विवेकबुद्धि हममें बचपन से ही पोषित होती रहती है। इसी कारण से वर्ष में एक बार 'सरस्वती पूजा' अथवा 'आयुधपूजा' के दिन (जो दिन शिक्षा की देवी को समर्पित है), हम पुस्तकों, वाहनों और यन्त्रों की पूजा करते हैं। वास्तव में प्रतिदिन अपनी पढ़ाई आरम्भ करने से पहले हम प्रार्थना करते हैं :-

सरस्वति नमस्तुभ्यं वरदे कामरूपिणि।
विद्यारम्भं करिष्यामि सिद्धिर्भवतु मे सदा ।।

हे सरस्वती देवी – वरदायिनी – आशापूरणी, मैं अपनी शिक्षा आरंभ करने से पूर्व तुम्हें प्रणाम करता हूँ। तुम सदा मेरी आशाएँ पूर्ण करती रहना।

इसी प्रकार किसी को पैर से छूने देने के लिए बच्चों को एकदम निरुत्साहित किया जाता है। यदि ऐसा अचानक हो भी जाएँ, तो हम व्यक्ति को छूकर अपनी उंगलियों को क्षमा-याचना के रूप में अपनी आँखों पर लगाते हैं। यहाँ तक कि यदि बड़े

भी असावधानी से कभी छोटों को अपने पाँव से छू लेते हैं तो वे तुरन्त क्षमा याचना करते हैं।

दूसरे को पाँव से छूना एक अपराध समझा जाता है। ऐसा क्यों?

मनुष्य को ईश्वर का सर्वाधिक सुन्दर और सजीव मन्दिर समझा जाता है। इसलिए मनुष्य को पैर से स्पर्श करना उसकी दिव्यता का निरादार करना है। इसके लिए तुरन्त क्षमा याचना की आवश्यकता है, जो पूर्ण श्रद्धा और नम्रता के साथ की जाती है।

इस प्रकार हमारी बहुत सी प्रथाओं की रूप-रेखा बहुत सरल है, परन्तु वे अत्यंत प्रभावशाली ढंग से गहन दार्शनिक सत्य को उजागर करती हैं। यह भी एक कारण है कि हमारा धर्म शताब्दियों से जीवित है।

हम भस्म (विभूति) क्यों लगाते हैं?

किसी भी जली हुई वस्तु की राख को विभूति (पवित्र भस्म) नही कहते। भस्म उस होम (यज्ञ-अग्नि) की राख है, जो ईश्वर की पूजा के लिए अर्पित घी और कुछ जड़ी-बूटियों को एक विशेष लकड़ी के साथ जलाने से बनती है। या फिर देवता की पूजा करने के लिए उस मूर्ति का अभिषेक राख से किया जाता है और फिर वही राख भस्म या विभूति के रूप में वितरित की जाती है।

भस्म सामान्यतः मस्तक पर लगाई जाती है। कुछ लोग इसे शरीर के कुछ निश्चित अंगों जैसे बाहों के ऊपरी भाग, छाती आदि पर लगाते हैं। कुछ संन्यासी इसे पूरे शरीर पर मल लेते हैं। बहुत से लोग जितनी बार भस्म लगाते हैं उतनी बार एक चुटकी भर भस्म खा लेते हैं।

हम विभूति या भस्म क्यों लगाते हैं?

भस्म शब्द का अर्थ है "पाप नष्ट करनेवाला और ईश्वर को स्मरण करानेवाला"। 'भ' से आशय है, 'भर्त्सनम्' (नष्ट

करना) और 'स्म' से 'स्मरणम्' (स्मरण करना) ये आशय है। अतः भस्म लगाने का अभिप्राय है – अमंगल का नाश और दिव्यता का स्मरण। भस्म को 'विभूति' भी कहते हैं (जिसका अर्थ है – गौरव), क्योंकि यह लगानेवाले को 'गौरव' प्रदान करती है। इसे रक्षा भी कहा जाता है (जिसका अर्थ है सुरक्षा का स्त्रोत), क्योंकि यह लगाने वाले को निर्मल बना कर, बीमारी और विपत्ति से उसकी रक्षा करती है।

'होम' (मन्त्रोच्चारण के साथ अग्नि में आहुतियों का अर्पण करना) का अर्थ है – ज्ञान की अग्नि में, एक महान् और नि:स्वार्थ लक्ष्य के लिए अहं और अहंजन्य इच्छाओं का समर्पण और उनकी आहुति। यज्ञ से निकली राख का अर्थ है – मन की शुद्धि जो ऐसे कर्मों का परिणाम है और ज्ञान की अग्नि आहुतियों और लकड़ी के रूप में क्रमशः अज्ञान और जड़ता (तमस) को जला देती हैं। हम जो भस्म लगाते हैं वह यह भी इंगित करता है कि हम देह के साथ इस झूठे तादात्म्य को भस्मीभूत कर, समाप्त कर, जन्म-मरण के चक्र से मुक्त हो जाएँ। भस्म हमें यह भी याद दिलाती है कि शरीर नश्वर है और एक दिन वह राख हो जाएगा। अतः हम देह में अधिक आसक्त न हों। मृत्यु किसी भी क्षण आ सकती है अतः

हम जागरूक रहें और यह जागरूकता समय का सर्वोत्तम सदुपयोग करने की दिशा में हमें आगे बढ़ाती रहे। इसे हम मृत्यु को स्मरण करते रहने का निराशावादी दृष्टिकोण न समझें बल्कि यह इस वास्तविकता का प्रभावशाली संकेत है कि समय और काल किसी की प्रतीक्षा नहीं करते।

भस्म का भगवान शिव से विशेष सम्बन्ध है, वे इसे अपने समस्त शरीर पर लगाते हैं। शिव के उपासक भस्म को त्रिपुण्ड के रूप में '=' लगाते हैं। यदि इस के केन्द्र में एक लाल बिन्दु लगा हो तो वह शिव शक्ति का प्रतीक है (ऊर्जा शक्ति और पदार्थ के योग से होने वाला समस्त दृश्य और अदृश्य सृष्टि का सृजन)।

जब सारी लकड़ी (समिधा) जल जाती है तब भस्म रह जाती है जो कभी नष्ट नहीं होती। इसी प्रकार ब्रह्म अविनाशी सत्य है। असंख्य नाम रूप वाली समस्त सृष्टि के नष्ट होने पर भी यह 'सत्य' सदा विद्यमान रहता है।

भस्म का उपयोग एक औषधि के रूप में भी होता है। बहुत सी आयुर्वेदिक औषधियों में इसका प्रयोग किया जाता है। यह शरीर की फालतू नमी को सोख लेती है और

सर्दी, जुक़ाम, सिरदर्द आदि नहीं होने देती। उपनिषदों के अनुसार, मस्तिष्क पर भस्म लगाते समय, प्रसिद्ध 'मृत्युञ्जय मन्त्र' का उच्चारण करना चाहिए :-

त्र्यम्बकं यजामहे सुगन्धिं पुष्टिवर्धनम् ।
उर्वारुकमिव बन्धनात् मृत्योर्मुक्षीय माऽमृतात् ।।

"हम उन त्रिनेत्रीय भगवान् शिव की उपासना करते हैं जो हमारा पालन-पोषण करते हैं और हमारे जीवन में सुगन्धि फैलाते हैं। वे हमें दुख और जन्म मरण के बन्धन से उतनी आसानी से मुक्ति दें, जैसे एक परिपक्व ककड़ी अपनी डण्ठल से अलग हो जाती है।"

हम भोजन आरम्भ करने से पूर्व ईश्वर को अर्पण क्यों करते हैं?

पाश्चात्य परम्परा में भोजन आरम्भ करने से पहले धन्यवाद-स्वरूप प्रार्थना (Grace) की जाती है। भारतीय जन भोजन को पहले ईश्वर को अर्पण करते हैं, फिर उसे 'प्रसाद' (भगवान् का पवित्र उपहार) समझ कर खाना आरम्भ करते हैं। मन्दिरों और बहुत से घरों में पका हुआ भोजन प्रतिदिन पहले ईश्वर को अर्पण किया जाता है, फिर उसे बाकी भोजन के साथ मिलाकर प्रसाद रूप में परोसा जाता है। हमारी प्रतिदिन की पूजा में भी हम ईश्वर को (भोजन) नैवेद्य अर्पण करते हैं। हम ऐसा क्यों करते हैं?

हम 'नैवेद्य' क्यों अर्पण करते हैं?

ईश्वर सर्वशक्तिमान और सर्वज्ञ है। ईश्वर सम्पूर्ण है और प्राणी उसका अंश हैं। हम जो कुछ भी करते हैं, सब उसकी शक्ति और ज्ञान से करते हैं। अतः अपने कमी के फलस्वरूप हम जो कुछ भी प्राप्त करते हैं, सब केवल उसकी

कृपा से है। उसको भोजन अर्पण करने की क्रिया द्वारा हम उसके प्रति आभार प्रकट करते हैं। 'ओम् जय जगदीश हरे' आरती के ये शब्द "तेरा तुझको अर्पण" इसी का उदाहरण है। उसके पश्चात् यह उसके दैवी स्पर्श की कृपा से हमारे लिए उसका उपहार अथवा प्रसाद बन जाता है।

यह समझ लेने पर, भोजन और खाने की क्रिया के प्रति हमारा समस्त भाव ही बदल जाता है। अर्पण किया जाने वाला भोजन वास्तव में शुद्ध और सर्वोत्तम होगा। खाने से पहले हम उसे आपस में बाँट कर खाते हैं। हम माँगते नहीं, भोजन के विषय में शिकायत अथवा आलोचना नहीं करते। हम उसका अपव्यय नहीं करते और उसे फेंकते नहीं। हम उसे 'प्रसाद-बुद्धि' से खाते हैं। जब हमारा यह भाव पक्का हो जाता हैं, तब क्रमशः भोजन के दायरे से ऊपर उठ हमारे समस्त जीवन में यह भाव हो जाता है। फिर हमें जीवन में जो भी प्राप्त होता है, उसे हम ईश्वर का प्रसाद समझकर प्रसन्नता से स्वीकार करते हैं।

प्रतिदिन भोजन आरम्भ करने से पूर्व हम उसकी शुद्धता की क्रिया के रूप में थाली के इर्द-गिर्द पानी छिड़कते हैं। भोजन के पांच कौर थाली के एक ओर रख कर हम अपने पांच ऋणों को स्वीकार करते हैं :-

१) **देवता ऋण** – दैवी शक्तियों के प्रति, क्योंकि वे हमारा हित और हमारी सुरक्षा करती हैं।

२) **पितृ ऋण** – अपने पूर्वजों के प्रति, क्योंकि उन्होंने हमें वंश-परम्परा और पारिवारिक-सभ्यता दी है।

३) **ऋषि ऋण** – ऋषियों के प्रति, क्योंकि उन्होंने हमारे धर्म और संस्कृति को चरितार्थ किया, उसे बनाएँ रखा और हमारे हाथों में सौंपा।

४) **मनुष्य ऋण** – अपने साथियों के प्रति, जिन्होंने हमारे समाज की स्थापना की और जिनकी सहायता के बिना हम इस रूप में अपना जीवन नहीं जी सकते थे।

५) **भूत ऋण** – अन्य प्राणियों के प्रति, जो हमारी निःस्वार्थ सेवा करते हैं।

इसके पश्चात् हमारी उस चैतन्य शक्ति (ईश्वर) को भोजन अर्पण किया जाता है, जो हमारे शरीर के पाँच प्राणदायी शारीरिक क्रियाओं के रूप में विद्यमान् हैं। ऐसा करते समय हम कहते हैं :–

प्राणाय स्वाहा, अपानाय स्वाहा,
व्यानाय स्वाहा, उदानाय स्वाहा,
समानाय स्वाहा, ब्रह्मणे स्वाहा।

ये पाँचों शारीरिक क्रियाओं से सम्बन्धित हैं: यथा प्राण श्वास क्रिया से, अपान उत्सर्जन क्रिया से, व्यान रक्त-संचार क्रिया सें, समान पाचन क्रिया से, उदान उत्क्रमण क्रिया से सम्बंधित है। भोजन अर्पण करने के बाद, इसे ईश्वर के वरदान-प्रसाद के रूप में ग्रहण किया जाता है।

इस बात को स्मरण रखने के लिए, कई लोग गीता के निम्न श्लोक भी बोलते हैं –

ब्रह्मार्पणं ब्रह्महविः ब्रह्माग्नौ ब्रह्मणा हुतम् ।
ब्रह्मैव तेन गन्तव्यं ब्रह्मकर्मसमाधिना ।। ४:२४

"आहुति ब्रह्म है, घृत, सामग्री अग्नि सब ब्रह्म ही है। जो सभी कर्मों में ब्रह्म को ही देखता है, वह ब्रह्म को ही प्राप्त करेगा।"

अहं वैश्वानरो भूत्वा प्राणिनां देहमाश्रितः ।
प्राणापानसमायुक्तः पचाम्यन्नं चतुर्विधम् ।।१५:१४

मैं ही सब प्राणियों के शरीर में स्थित रहने वाला प्राण और अपान से संयुक्त वैश्वानर अग्निरूप होकर चार प्रकार के अन्न (जो मुझको अर्पित किये जाते हैं) को पचाने वाला हूँ।

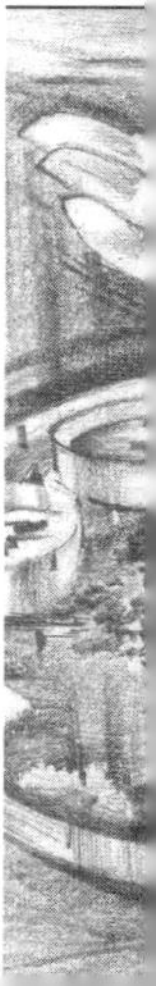

हम प्रदक्षिणा क्यों करते हैं?

जब हम मन्दिर जाते हैं तो पूजा करने के पश्चात् गर्भगृह के इर्द-गिर्द परिक्रमा करते हैं। इसे प्रदक्षिणा कहते हैं।

हम प्रदक्षिणा क्यों करते हैं?

केन्द्र बिन्दु के बिना एक वृत्त नहीं बनाया जा सकता। ब्रह्म हमारे जीवन का केन्द्र, स्रोत और मूलभूत तत्त्व है। हम अपनी दैनिक क्रियाएँ, ईश्वर को अपने जीवन का केन्द्र बिन्दु मान कर ही करते हैं। प्रदक्षिणा का यही महत्त्व है।

फिर, वृत्त की परिधि का प्रत्येक बिन्दु केन्द्र से समदूरी पर होता है। इसका अर्थ है कि हम कोई भी हों और कहीं भी हों, सदा ईश्वर के नज़दीक रहते हैं। उनकी कृपा किसी पक्षपात के बिना हम पर बनी रहती है।

प्रदक्षिणा दक्षिणावर्त ही क्यों की जाती हैं?

इसका कारण, जैसा कि किसीने कहा, भीड़ भाड़ से बचना नही है। जब हम प्रदक्षिणा करते हैं, ईश्वर सदा हमारी

दाहिनी दिशा में रहते हैं। भारत में दाहिनी दिशा शुभ लक्षण का प्रतीक है। यह भी एक प्रभावशाली तथ्य है कि अंग्रेजी भाषा तक में इसे "सही" (right) दिशा कहा जाता है, गलत (wrong) दिशा नहीं। तो जब हम गर्भगृह की परिक्रमा करते हैं, हम ईश्वर के साथ जो हमारे लिए सहायता और शक्ति के मूल आधार हैं, हमारे मार्ग-दर्शक हैं, हमारे जीवन के धर्म-पक्ष के रूप में हमारा 'दाहिना हाथ' हैं – स्वयं को सदाचार का शुद्ध जीवन बिताने का स्मरण कराते हैं। परिणाम-स्वरूप हम अपनी वासनाओं पर विजय पाते हैं और पूर्व जन्म के पाप-कर्मों को दोहराने से बचते हैं।

हमारे शास्त्रों के आदेशानुसार – "मातृ देवो भव, पितृ देवो भव, आचार्य देवो भव"। अपने माता-पिता और आचार्यों को हम ईश्वर का स्वरूप मानते रहें। इसी बात को ध्यान में रखकर हम अपने माता-पिता और दैवी महापुरुषों की भी प्रदक्षिणा करते हैं। गणेश जी की अपने माता-पिता की परिक्रमा करने की कहानी सर्व-विदित है।

हमारी पारम्परिक पूजा की समाप्ति पर हम प्रथानुसार अपने आप की प्रदक्षिणा करते हैं। इस प्रकार हम स्वयं में उस परम दिव्यता का सम्मान और स्मरण करते हैं।

उसी एकमेव दिव्यता की हम बाहर ईश्वर के स्वरूप में पूजा करते हैं।

हम प्रदक्षिणा करते हुए इस मन्त्र का उच्चारण करते हैं :-

यानि कानि च पापानि जन्मान्तरकृतानि च।
तानि तानि विनश्यन्ति प्रदक्षिण पदे पदे ।।

“प्रदक्षिणा के समय एक एक पग, व्यक्ति के असंख्य पूर्व जन्मों के समस्त पापों को नष्ट कर देता है।”

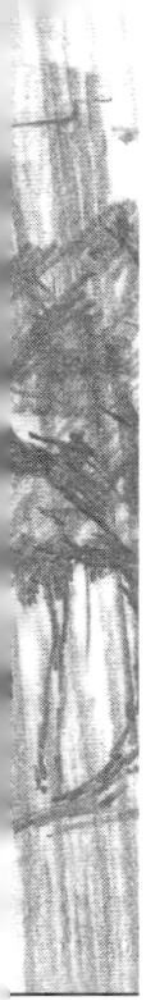

हम पेड़ पौधों को पवित्र क्यों मानते हैं?

पुरातन काल से ही भारतीय पेड़-पौधों की पूजा करते रहे हैं और समस्त वनस्पति और जीव-जन्तु को पावन मानते आएँ हैं। यह कोई पुराना रिवाज़ अथवा असभ्य प्रथा नहीं है। यह हमारी संस्कृति की संवेदनशीलता, दूरदर्शिता और परिष्कृति को उजागर करती है। पश्चिमी लोग जब कि प्रकृति-माता पर 'विजय' प्राप्त करने में लगे रहते हैं, हम उसकी 'पूजा' करते हैं।

हम पेड़-पौधों को पावन क्यों मानते हैं?

वह चैतन्य शक्ति (ब्रह्म) जो हमारे अन्दर है, वह सभी प्राणियों में, फूल-पौधों में भी व्याप्त है। इसलिए उन सबको पवित्र माना जाता है। इस पृथ्वी पर मानव-जीवन भी पेड़-पौधों पर निर्भर है। वे हमें भोजन, ऑक्सीजन, वस्त्र, आश्रय-स्थल, दवा आदि सभी अनिवार्य उपादान देते हैं जिनसे इस धरतीपर हमारा जीवन सम्भव हो पाता है। वे हमारे आस पास सुन्दरता बिखेरते हैं। वे मानव जाति की

नि:स्वार्थ सेवा करते हैं, हमारा पालन-पोषण करने के लिए अपना बलिदान भी कर देते हैं। वे साक्षात् बलिदान के प्रतीक हैं। जब हम किसी फलभरे वृक्ष पर पत्थर फेंकते हैं, तो वह बदले में हमें फल देता है।

वास्तव में, मानव जाति के अस्तित्व से पहले, पृथ्वी पर वनस्पति और जीव जन्तुओं का निवास था। आजकल मानव के निर्मम स्वभाव के कारण, संसार पर वनों के विनाश का और पेड़-पौधों की बहुत सी जातियों के लुप्त होने का गंभीर संकट बना हुआ है। हम उसकी हमेशा ही रक्षा करते हैं जिसको हम महत्त्व देते हैं या जिसकी कीमत समझते हैं। इसीलिए भारत में हमें पेड़-पौधों का आदर करने की शिक्षा दी जाती है। तभी हम उन्हें सहज रूप से सुरक्षित रखते हैं।

हमारे शास्त्रों के निर्देशानुसार, यदि किसी कारण से हमें एक वृक्ष काटना पड़ जाए, तो हमें दस वृक्ष और लगाने चाहिए। हमें शिक्षा दी जाती है कि हम अपने भोजन, ईंधन और आश्रय के लिए आवश्यकता अनुसार कम से कम पेड़-पौधों के भाग का प्रयोग करें। हमें यह भी प्रेरणा दी जाती है कि वृक्ष काटने से पूर्व एक विशेष पाप-कर्म 'सूना' से बचने के लिए हम उनसे क्षमा-याचना करें। हमारे बचपन में हमें

पेड़ पौधों के बलिदान और सेवा की और वृक्षारोपण और उनके पालन-पोषण की कहानियाँ सुनाई जाती थी। हमारे लिए अत्यन्त हितकारी गुणों वाले तुलसी और पीपल आदि कुछ विशेष पेड़-पौधों की तो आज तक पूजा की जाती है।

एक पौराणिक कथा के अनुसार – एक बार भगवान् शिव और देवी पार्वती आनन्दोत्सव मना रहे थे। अग्नि देव ने देवताओं को उस में बाधा डालने के लिए भेजा। पार्वती ने क्रोध में आकर सभी देवताओं को पेड़-पौधे बन जाने का शाप दे दिया। इसीलिए यह विश्वास किया जाता है कि पेड़-पौधों के रूप में परिणत हुए सभी देवता ही हैं। अतः बहुत से लोग अपनी मनोकामनाओं की पूर्ति के लिए अथवा भगवान् को प्रसन्न करने के लिए, पेड़-पौधों की पूजा करते हैं।

हम उपवास क्यों करते हैं?

बहुत से श्रद्धालु भारतीय नियमित रूप से अथवा पर्व आदि विशेष अवसरों पर उपवास करते हैं। उस दिन वे कुछ नहीं खाते, या दिन में एक बार खाते हैं अथवा फलाहार अथवा सादे भोजन का आहार करते हैं। कुछ तो बड़ा कठिन उपवास करते हैं जब वे पूरे दिन पानी भी नहीं पीते। उपवास करने के कई प्रयोजन हैं जैसे ईश्वर को प्रसन्न करना, स्वयं को अनुशासित करना और कभी कभी विरोध प्रकट करना भी। महात्मा गांधी ब्रिटिश शासन के प्रति विरोध प्रकट करने के लिए उपवास करते थे।

हम उपवास क्यों करते हैं?

क्या अन्न बचाने के लिए अथवा उपवास के बाद दावत खाने की भूख जगाने के लिए? नहीं, ऐसा नहीं है। तो फिर हम उपवास क्यों करते हैं? संस्कृत में उपवास शब्द का अर्थ इस प्रकार है। वह उप + वास है। 'उप' का अर्थ है "निकट" + 'वास' का अर्थ है "निवास" अतः 'उपवास' का अर्थ

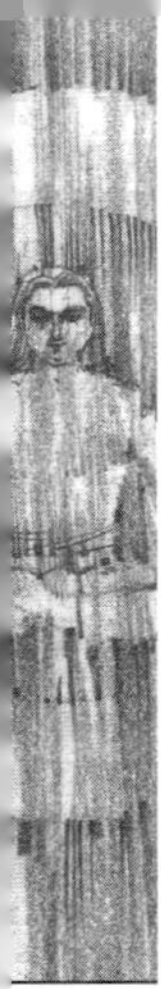

हुआ (ब्रह्म के) निकट निवास करना, अर्थात् ईश्वर के साथ घनिष्ठ मानसिक सानिध्य प्राप्त करना। तब फिर उपवास का भोजन से क्या सम्बन्ध ?

हमारा बहुत सा समय और शक्ति खाने-पीने की वस्तुओं को जुटाने, तैयार करने, पकाने, खाने और पचाने में व्यतीत होती हैं। कुछ खास प्रकार के भोजन हमारे मस्तिष्क को मंद और विचलित कर देते हैं। इसलिए कुछ निश्चित दिनों पर व्यक्ति हल्का सादा खाना खाकर अथवा बिल्कुल न खाकर अपना समय और अपनी शक्ति का संरक्षण करने का निश्चय कर लेता है। इससे उसका मन जागरूक और निर्मल हो जाता है। भोजन के विचारों में मग्न रहने की अपेक्षा अब मन अच्छे विचारों को ग्रहण करने लगता है और ईश्वर में मग्न हो जाता है। क्योंकि यह अनुशासन आत्म-प्रेरित होता है, इसलिए प्रायः इसका पालन पूर्ण आनन्द से किया जाता है।

और फिर, प्रत्येक व्यवस्था को सर्वोत्कृष्ट ढंग से चलाने के लिए कुछ विश्राम या काया पलट की भी आवश्यकता होती है। उपवास में विश्राम और आहार-परिवर्तन हमारी पाचन शक्ति और समस्त शरीर के लिए बहुत लाभदायक सिद्ध होती है।

हम जितना अधिक इंद्रिय-लिप्त होते जाते हैं, उतनी अधिक हमारी इच्छाएँ बढ़ती जाती हैं। उपवास से हमें इंद्रिय-नियन्त्रण में सहायता मिलती है, हमारी इच्छाएँ परिष्कृत होती हैं और मन को संतुलित और शांत करने का मार्ग-दर्शन मिलता है।

उपवास ऐसा न हो जिससे हम दुर्बल और चिड़चिड़े हो जाएँ अथवा बाद में खाने की हमारी लालसा और बढ़ जाए। ऐसा प्राय: तभी होता है जब उपवास के पीछे हमारा कोई उत्तम या ऊँचा लक्ष्य नहीं होता। कुछ लोग केवल वज़न घटाने के लिए नियमित आहार के रूप में उपवास करते हैं। कुछ उपवास से भगवान् को प्रसन्न करने का अथवा अपनी इच्छा-पूर्ति का व्रत पूर्ण करते हैं। कुछ लोग अपनी संकल्प-शक्ति का विकास करते हैं, इंद्रिय-नियन्त्रण करते हैं, और कुछ तपस्या के रूप में उपवास करते हैं। भगवद्गीता उपयुक्त आहार पर बल देती है – 'युक्त आहार' न तो एकदम कम न बहुत अधिक और उपवास के बिना भी, "सात्त्विक आहार" – सादा, शुद्ध और पौष्टिक आहार लेने को कहती है।

हम मन्दिर में घंटी क्यों बजाते हैं?

बहुत से मन्दिरों में, प्रवेश द्वार के पास ऊँचाई पर एक या अधिक घंटियाँ लटकी रहती हैं। श्रद्धालु प्रवेश करते ही घंटी बजाता है, और फिर भगवान् के 'दर्शन' और प्रार्थना के लिए आगे बढ़ता है। बच्चों को उछल कर अथवा ऊपर उठाए जाने के पश्चात् घंटी बजाकर बड़ा आनन्द मिलता है।

हम घंटी क्यों बजाते हैं?

क्या यह भगवान् को जगाने के लिए है? परन्तु भगवान् तो कभी सोते नहीं। क्या इससे हम भगवान् को अपने आने की सूचना देते हैं? उनको यह बताने की आवश्यकता नहीं, क्योंकि वे तो सर्वज्ञ हैं। तो क्या यह भगवान् के क्षेत्र में जाने की अनुमति लेने का एक ढंग है? यह तो अपने ही घर में आना है, जिसके लिए प्रवेश की अनुमति लेने की आवश्यकता नहीं। भगवान् तो सदा हर समय हमारा स्वागत करते हैं। फिर हम घंटी क्यों बजाते हैं?

घंटी बजाने से जो ध्वनि निकलती है, वह शुभ समझी जाती है। यह ॐ की ध्वनि उत्पन्न करती है, जो ईश्वर का सर्वव्यापक नाम है। भगवान् सर्व-मंगलकारी हैं, इस सूक्ष्म दृष्टि को प्राप्त करने के लिए हमारे भीतर और बाहर शुभ्रता और पवित्रता होनी चाहिए।

प्रतिदिन की नियमित आरती करते समय भी हम घंटी बजाते हैं। कई बार इसके साथ-साथ कुछ वाद्य संगीत और शंख की मंगलमय ध्वनि भी चलती रहती है। घंटी, शंख और वाद्य-संगीत से इस ध्वनि का महत्त्व और भी अधिक हो जाता है। ये किसी भी अशुभ, अप्रासंगिक कोलाहल और टीका-टिप्पणी को दबा देने का कार्य करते हैं, जिससे श्रद्धालुओं का ध्यान और शान्ति भंग नहीं होती और उनकी निष्ठा, एकाग्रता और संवेदनशीलता बनी रहती है।

अपनी दैनिक औपचारिक पूजा आरम्भ करते समय भी हम घंटी बजाते हैं और निम्नांकित श्लोक का उच्चारण करते हैं :–

आगमार्थं तु देवानां गमनार्थं तु रक्षसाम् ।
कुर्वे घंटारवं तत्र देवताह्वानलक्षणम् ।।

"मैं देवत्व का आहवान करने के लिए यह घंटी बजाता हूँ, ताकि नैतिक और महान शक्तियों का (मेरे घर में और हृदय में) प्रवेश हो और मेरे भीतर और बाहर से आसुरी और अशुभ शक्तियों का विनाश हो।"

हम कलश की पूजा क्यों करते हैं?

सर्वप्रथम यह जान लें कि कलश किसे कहते हैं? पीतल, मिट्टी अथवा तांबे के एक घड़े में पानी भरा जाता है। घट के मुँह पर आम के पत्ते रखे जाते हैं और उस पर एक नारियल रखा जाता है। घट की ग्रीवा में चारों ओर लाल और सफ़ेद डोरी बांधी जाती है। कई बार तो डोरी उस घड़े की प्रत्येक दिशा में इस प्रकार पेचीदे ढंग से बाँधी जाती है कि समचतुर्भुज हीरे के आकार की आकृति बन जाती है। इसे कई रूप रेखाओं से सजाया भी जाता है। इसे 'कलश' कहते हैं। जब घट को पानी अथवा चावल से भरा जाता है, तो इसे "पूर्ण-कुम्भ" कहते हैं। यह उस जड़ देह का प्रतीक है, जो चैतन्य शक्ति से भर कर ऐसे आश्चर्यजनक कार्य करने की शक्ति प्राप्त कर लेती है जिससे जीवन चरितार्थ हो जाता है।

'कलश' गृह-प्रवेश, विवाह, दैनिक पूजा आदि विशेष अवसरों पर धार्मिक-प्रथानुसार रखा जाता है। इसे स्वागत-

चिह्न के रूप में प्रवेश द्वार के पास रखा जाता है। महात्माओं का स्वागत करते समय भी, कलश पारम्परिक ढंग से रखा जाता है।

हम कलश की पूजा क्यों करते हैं?

सृष्टि के निर्माण से पूर्व, भगवान् विष्णु क्षीरसागर में अपनी शेष-शय्या पर लेटे हुए थे। उनकी नाभि से एक कमल प्रकट हुआ। कमल में से सृष्टिकर्ता ब्रह्मा उत्पन्न हुए। उसके पश्चात् ब्रह्मा ने संसार की रचना की। कलश का पानी उस आदि जल का प्रतीक है, जिससे समस्त सृष्टि का जन्म हुआ। यह सब का जीवन-प्रदाता है और इसमें नाम और रूप, जड़ वस्तुओं और चेतन प्राणियों और ब्रह्माण्ड की ऊर्जा से बने संसार के समस्त मंगल की रचना करने की क्षमता है। पत्ते और नारियल सर्जन का प्रतीक हैं। डोरी या धागा उस प्रेम का प्रतीक है, जो समस्त सृष्टि को 'प्रेम-पाश' में बांधती है। इसलिए 'कलश' को शुभ मानकर, उसकी पूजा की जाती है।

'कलश' में सभी पवित्र नदियों के जल, समस्त वैदिक ज्ञान और सब देवताओं के आशीर्वाद का आह्वान किया जाता है। इसके पश्चात् इसका जल अभिषेक आदि सभी

अनुष्ठानों के लिए प्रयोग किया जाता है। किसी भी मन्दिर का 'कुम्भाभिषेक' विस्तृत विधियों से बड़े भव्य ढंग से किया जाता है। इसमें मन्दिर के शिखर पर पवित्र जल से भरे एक अथवा अधिक कलशों का जल उड़ेलना भी सम्मिलित है।

जब असुरों और देवताओं ने समुद्र-मन्थन किया, तब भगवान् विष्णु अमृत के कलश के साथ प्रकट हुए। यह अमृत प्राणी को अमर करता है। अतः 'कलश' अमरत्व का प्रतीक भी है।

ज्ञानी पुरुष महान् और पूर्ण होते हैं, क्योंकि उनका तादात्म्य अनंत सत्य (पूर्णत्व) के साथ होता है। वे आनन्द और प्रेम से ओतप्रोत रहते हैं, और सर्व-मंगल का प्रतिनिधित्व करते है। हम 'परिपूर्ण-हदय' से आदर और श्रद्धा के रूप में और उनकी महानता के प्रति आभार प्रकट करने के लिए 'पूर्ण कुम्भ' (भरे हुए कलश) द्वारा उनका अभिवादन करते हैं।

हम तुलसी की पूजा क्यों करते हैं?

बहुत से भारतीय घरों में आगे वाले, पीछे वाले अथवा बीच वाले आँगन में एक तुलसी-पीठ (या तुलसी-चबूतरा या तुलसी-चौरा) होता है, जिसमें तुलसी का एक पौधा लगा रहता है। वर्तमान समय के फ्लैट में भी, बहुत से लोग तुलसी का पौधा एक गमले में लगा कर रखते हैं। गृह-स्वामिनी इसमें दीप जलाती है, इसे पानी देतीं है और इसकी पूजा करके प्रदक्षिणा करती है। तुलसी का डंठल, उसके पत्ते, बीज और इसके तल की मिट्टी भी, पवित्र मानी जाती है। भगवान् को अर्पित किए जाने वाले भोजन में सदा तुलसी का पत्ता डाला जाता है। भगवान् की पूजा में, विशेषकर विष्णु भगवान् और उनके अवतारों की पूजा में हमेशा तुलसी के पत्ते अर्पित किए जाते हैं।

तुलसी की पूजा क्यों की जाती है?

संस्कृत में कहा गया है – “तुलना नास्ति अथैव तुलसी” – अर्थात् जो (गुणों में) बेजोड़ है, अतुलनीय है, वही तुलसी है।

M.S.

भारतीय तुलसी को सब से पवित्र पौधा मानते हैं। वास्तव में यही एक ऐसा पदार्थ है जो पूजा में एक बार प्रयुक्त होने के पश्चात् फिर से धोकर, प्रयोग में लाया जा सकता है - क्योंकि इसको आत्म-शुद्धि करने वाला माना जाता है।

एक कथा के अनुसार – तुलसी एक दिव्य पुरुष, 'शंखचूड' की निष्ठावान पत्नी थी। उसे यह विश्वास हो गया कि भगवान् कृष्ण ने छल से उससे पाप कर्म करवाया है। अतः उसने भगवान् को (शालिग्राम) पत्थर बन जाने का शाप दे दिया। उसकी भक्ति और सदाचारिता की लगन को देख कर, भगवान् ने उसे वरदान देकर पूजनीय पौधा 'तुलसी' बना दिया और कहा कि वह सदा भगवान् के मस्तक की शोभा बनेगा, और यह भी कि तुलसी के पत्तों के बिना प्रत्येक चढ़ावा अधूरा रहेगा। इसीलिए हम तुलसी की पूजा करते हैं।

तुलसी भगवान् विष्णु की पत्नी 'लक्ष्मी' का प्रतीक भी है। सदाचारी और सुखी-पारिवारिक जीवन बिताने की इच्छा रखने वाले लोग तुलसी की पूजा करते हैं। तुलसी का विवाह प्रत्येक विवाह की तरह, पूरी धूमधाम से भगवान् के साथ रचाया जाता है। इसका कारण यह है कि एक और

कथा के अनुसार भगवान् ने तुलसी को अपनी पत्नी होने का वरदान दिया था।

एक बार सत्यभामा ने भगवान् कृष्ण को अपनी समग्र सम्पत्ति के बदले, तराजू में तौला। किन्तु भार तब तक बराबर नहीं हुआ, जब तक रुक्मिणी ने सम्पत्ति के साथ पलड़े में पूर्ण श्रद्धा से केवल एक तुलसी की पत्ती को नहीं रखा। इस प्रकार तुलसी ने एक अनिवार्य भूमिका निभाई और संसार को यह स्पष्ट कर दिया कि भगवान् को श्रद्धा के साथ अर्पित की गई छोटी सी वस्तु का महत्त्व संसार की सम्पूर्ण सम्पत्ति से भी अधिक है।

एक औषधि के रूप में भी तुलसी का बहुत अधिक महत्त्व है, और इसका प्रयोग खांसी-ज़ुकाम आदि सहित बहुत से रोगों के इलाज के लिए किया जाता है। इसीलिए भारतीय लोग प्रार्थना करते हैं :-

यन्मूले सर्वतीर्थानि यदग्रे सर्वदेवताः ।
यन्मध्ये सर्ववेदाश्च तुलसि तां नमाम्यहम् ।।

मैं उस तुलसी को नमस्कार करता हूँ, जिसके मूल में सभी तीर्थ स्थान हैं, शिखर पर सभी देवी-देवता का निवास है और जिसके मध्य में सभी वेद भगवान् रहते हैं।

हम कमल पुष्प को विशेष महत्त्व क्यों देते हैं?

कमल भारत का राष्ट्रीय पुष्प है और यह उचित ही है। थोड़े समय पूर्व तक हमारी झीलें और तालाब विभिन्न रंगों के कमलों से भरे रहते थे।

हम कमल को विशेष महत्त्व क्यों देते हैं?

कमल सत्यं, शिवं और सुन्दरं का प्रतीक है। भगवान भी इसी स्वभाव के हैं और इसीलिए भगवान के विभिन्न स्वरूपों की तुलना कमल से की जाती है – जैसे 'कमल-नयन', 'चरण-कमल', 'कर-कमल', 'हृदय-कमल' आदि आदि। हमारे शास्त्र और पौराणिक साहित्य कमल की सुन्दरता की भरपूर प्रशंसा करते हैं। चित्रकला और वास्तुकला में भी कमल का चित्रण विभिन्न सज्जा और स्वरूपों में किया जाता हैं। बहुत से व्यक्तियों के नाम कमल अथवा इससे सम्बन्धित नामों पर रखे जाते हैं जैसे – पद्मा, पंकजा, कमल, कमला, कमलाक्षी आदि। धन की देवी लक्ष्मी

देवी कमल पर ही विराजमान होती हैं और उनके हाथ में भी कमल होता है।

कमल सूयोदय होने पर खिलता है और रात्रि होने पर बंद हो जाता है। उसी प्रकार हमारा मन ज्ञान के प्रकाश से खुलता और फैलता हैं। कमल कीचड़ में भी उगता है। वह अपने परिवेश के बावजूद भी सुन्दर और निर्मल रहता है - हमें यह स्मरण कराने के लिंए कि हम प्रत्येक परिस्थिति में अंतःकरण से शुद्ध और निर्मल बने रह सकते हैं और बने रहने का प्रयास हमें करते रहना चाहिए। कमल की पत्तियाँ सदा पानी में रहती हैं, फिर भी गीली नहीं होतीं। यह उस ज्ञानी पुरुष का प्रतीक है जो दुःख और परिवर्तन भरे संसार में भी निर्लिप्त रहकर निष्कलंक या बेदाग बना रहता है। इसे गीता के एक श्लोक में इस प्रकार व्यक्त किया गया हैं :-

ब्रह्मण्याधाय कर्माणि सङ्गं त्यक्त्वा करोति यः।
लिप्यते न स पापेन पद्मपत्रमिवाम्भसा ।। ५:१०

"जो पुरुष सब कर्मों को परमात्मा को अर्पण करके और आसक्ति को त्याग कर कर्म करता है वह जल से कमल के पत्ते की भाँति पाप से लिप्त नहीं होता।।"

जो बात एक ज्ञानी पुरुष के लिए स्वाभाविक है वही एक साधक के लिए अभ्यास योग्य साधना बन जाती है। योग-शास्त्रों के अनुसार हमारे शरीर में कुछ ऊर्जा केन्द्र होते हैं, जिन्हें 'चक्र' कहते हैं। प्रत्येक चक्र का सम्बन्ध कमल की पंखुडियों की कुछ निश्चित संख्या से है। जब एक योगी आत्मानुभूति प्राप्त करता है, तब उसके सिर के शिखर का सहस्त्र चक्र खुलता है - इसे सहस्त्र पंखुडियों वाला कमल कहा गया है। योग की भाषा में एक साधक को 'ध्यान लगाते समय पद्मासन' मुद्रा में ही बैठने का परामर्श दिया गया है।

विष्णु भगवान् की नाभि से एक कमल प्रकट हुआ। इसमें से सृष्टि का सर्जन करने के लिए ब्रह्मा उत्पन्न हुए। अतः कमल सृष्टिकर्ता और पूर्ण पुरुष के बीच की कड़ी का प्रतीक भी है। यह ब्रह्मा के निवास-स्थान, ब्रह्म लोक का भी प्रतीक है।

'स्वास्तिक' के मंगलकारी चिह्न का विकास भी कमल से ही माना जाता है।

उपर्युक्त विवरण से हम भली भाँति समझ सकते हैं कि कमल हमारा राष्ट्रीय पुष्प क्यों है और हमारे लिए विशेष महत्त्व क्यों रखता है।

हम शंख क्यों बजाते हैं?

मन्दिरों अथवा घरों में विधिवत् पूजा आरम्भ करने से पूर्व एक या अनेक बार शंख बजाया जाता है। कई बार आरती के समय अथवा किसी शुभ अवसर को मनाते समय भी शंख बजाया जाता है। युद्ध आरम्भ करने से पूर्व अथवा सेना की विजय घोषित करने पर भी शंख बजाया जाता है। पूजा के स्थान पर भी शंख रखा होता है और इसकी भी पूजा की जाती है।

जब शंख बजता है तो ॐ की मूल ध्वनि निकलती है। ॐ एक मंगलकारी ध्वनि है, इसका उच्चारण ईश्वर ने संसार का सृजन करने से पूर्व किया था। यह सृष्टि और इसके मूल में 'सत्य' का द्योतक है।

एक कथा के अनुसार 'शंखासुर' राक्षस ने देवताओं को पराजित करके, वेदों को चुरा लिया और पाताल में चला गया। देवताओं ने सहायता के लिए भगवान् विष्णु से प्रार्थना की। भगवान् ने 'मत्स्य-अवतार' लेकर 'शंखासुर'

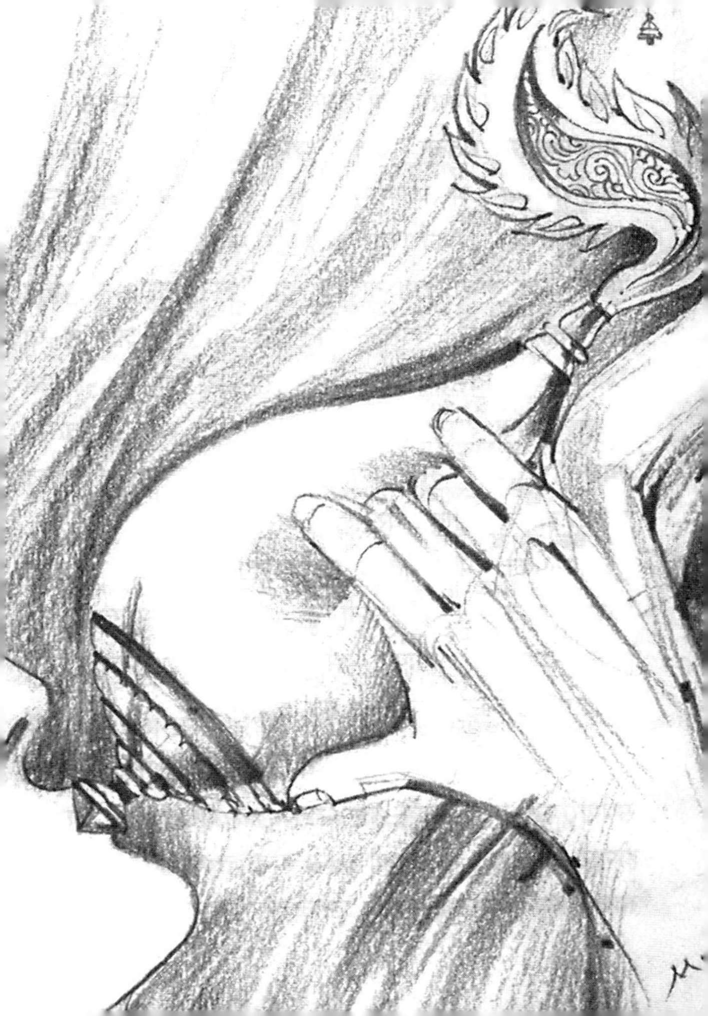

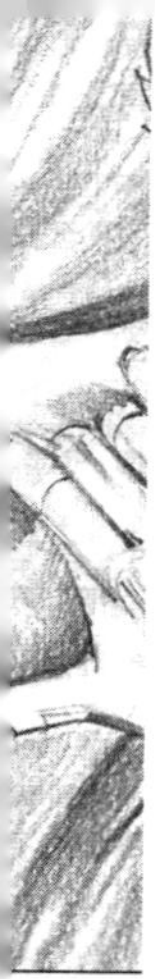

का वध कर दिया। भगवान् ने उसके कान और सिर की शंख के आकार की हड्डी को बजाया। उस समय 'ॐ' की ध्वनि उत्पन्न हुई, जिसमें से वेदों का उद्गम हुआ। वेदों में प्रतिष्ठित सम्पूर्ण ज्ञान, ॐ का ही विस्तृत रूप है। इस प्रकार 'शंखासुर' के नाम पर 'शंख' का नाम पड़ा। भगवान् के द्वारा बजाया जाने वाले शंख का नाम 'पाञ्चजन्य' है। विष्णु भगवान् अपनी चारों भुजाओं में से एक में शंख को सदा रखते हैं। यह जीवन के चार 'पुरुषार्थ' में से एक 'धर्म' का प्रतीक है। अतः शंख की ध्वनि अमंगल पर मंगल की विजय भी है। यदि शंख को अपने कान के पास लगाएँ तो समुद्र की तरंगों की ध्वनि सुनाई देती है।

शंख और अन्य वाद्य बजाने का एक और सर्वविदित उद्देश्य यह भी है कि इसमें से जो परम्परागत मंगलमयी ध्वनियाँ उत्पन्न होती हैं – वे वातावरण में और श्रद्धालुओं के मनों में बाधा डालने वाली और अशान्त करने वाली नकारात्मक आलोचना और कोलाहल को दबा देती हैं अथवा ढक देती हैं।

प्राचीन भारत गाँवों में बसा हुआ था। प्रत्येक गाँव का संचालन एक मुख्य मन्दिर और अन्य कई छोटे-छोटे मन्दिर करते थे। विशेष पूजा और शुभ अवसरों के पश्चात् की जाने

वाली आरती के समय शंख बजाया जाता था। सामान्यतः गाँव छोटे होने के कारण शंख की ध्वनि पूरे गाँव में सुनाई देती थी। जो लोग मन्दिर नहीं जा सकते थे, वे शंख की ध्वनि सुनते ही कुछ क्षण के लिए अपने कार्य को रोक देते थे और मन ही मन भगवान् को नमस्कार करते थे। इससे लोगों के मन, नित्य क्रिया-कलाप के बीच भी, कुछ समय के लिए भक्ति-भाव से भर जाते थे।

शंख को मन्दिरों और घरों में, नाद ब्रह्म, वेदभगवान्, 'ॐ' धर्म, विजय और मंगल के प्रतीक के रूप में, भगवान् की मूर्ति के पास ही रखा जाता है। कई बार शंख का प्रयोग श्रद्धालुओं को तीर्थ-जल का प्रसाद देने के लिए भी किया है जाता है, जिसे प्राप्त करते समय उनके मन परम सत्य की ओर उन्मुख हो जाते हैं।

शंख की पूजा इस श्लोक के साथ की जाती है :

त्वं पुरा सागरोत्पन्नः विष्णुना विधृतः करे।
देवैश्च पूजितः सर्वैः पाञ्चजन्य नमोऽस्तुते।।।

"उस पाञ्चजन्य शंख को प्रणाम, जो सागर से उत्पन्न हुआ है, जो भगवान् विष्णु के हाथ में रहता है और समस्त शक देवताओं द्वारा पूजा जाता है।"

हम तीन बार 'शान्ति' क्यों कहते हैं?

शान्ति हमारे जीवन की एक स्वाभाविक स्थिति है। अशान्ति हम स्वयं उत्पन्न करते हैं, अथवा वह दूसरों के कारण होती है। उदाहरण स्वरूप किसी स्थान पर शान्ति तब तक बनी रहती है, जब तक कोई वहाँ शोर नहीं करता। अतः हमारे प्रत्येक विचलन अथवा क्षोभ के मूल में शान्ति का निवास है। अशान्ति की समाप्ति पर, शान्ति का अनुभव सहज ही हो जाता है, क्योंकि यह पहले से ही सर्वत्र विद्यमान है। जहाँ शान्ति है, वहाँ आनन्द है। अतः प्रत्येक प्राणी, बिना किसी अपवाद के, अपने जीवन में शान्ति चाहता है। परंतु भीतर और बाहर दिखाई देने वाली शान्ति भ्रामक प्रतीत होती है, क्योंकि वह अशांति से ढकी होती हैं।

कुछ विरले लोग ही बाह्य अशान्ति और दुःखों के मध्य भी अपने भीतर शान्ति का अनुभव करने में सफल हो पाते हैं। शान्ति का आह्वान करने के लिए हम प्रार्थना करते

शान्तिः
शान्तिः
शान्तिः

हैं। प्रार्थना से क्षोभ और दुःख समाप्त होते हैं और बाह्य कष्टों पर ध्यान दिए बिना, हृदय में शान्ति का अनुभव होता है। ऐसी सब प्रार्थनाएँ तीन बार शान्ति कह कर समाप्त की जाती हैं।

हम तीन बार 'शान्ति' क्यों कहते हैं?

ऐसी मान्यता है कि 'त्रिवारम् सत्यम्' अर्थात् तीन बार कहने से कोई बात सत्य हो जाती है। हम अपनी बात पर बल देने के लिए भी उसे तीन बार दोहराते हैं। न्यायालय में भी एक गवाह कटहरे में खड़े होकर कहता है "मैं सत्य कहूँगा, पूर्ण सत्य कहूँगा और सत्य के अतिरिक्त कुछ नहीं कहूँगा"। शान्ति प्राप्ति की अपनी तीव्र इच्छा पर बल देने के लिए हम तीन बार शान्ति का उच्चारण करते हैं।

हमारी सभी बाधाएँ समस्याएँ और व्यथाएँ तीन स्त्रोतों से उत्पन्न होती हैं :-

१) **आधिदैविक** – उन अदृश्य, दैवी शक्तियों के कारण जिन पर हमारा बहुत कम अथवा बिल्कुल नियन्त्रण नहीं होता जैसे भूकम्प, बाढ़, ज्वालामुखी विस्फोट आदि।

२) आधिभौतिक – हमारे आस पास के कुछ ज्ञात कारणों से जैसे दुर्घटनाएँ, मानवीय सम्पर्क, प्रदूषण, अपराध आदि।

३) आध्यात्मिक – हमारी शरीरिक और मानसिक समस्याएँ जैसे रोग, क्रोध निराशा या कुंठाएँ आदि।

हम ईश्वर से सच्चे मन से प्रार्थना करते हैं कि कम से कम किसी विशेष कार्य का उत्तरदायित्व निभाते समय अथवा हमारी दिनचर्या के समय भी ऊपर बताए गए स्त्रोतों से उत्पन्न होने वाली कोई बाधाएँ न आएँ अथवा बाधाएँ कम हो जाएँ। अत: तीन बार शान्ति का उच्चारण किया जाता है। पहली बार वह उच्च स्वर में, अदृश्य शक्तियों को संबोधित किया जाता है। दूसरी बार कुछ धीमे स्वर में अपने बिल्कुल आसपास के वातावरण और व्यक्तियों की ओर लक्ष्य किया जाता है और तीसरी बार बिल्कुल धीमे स्वर में अपने आप को सम्बोधित किया जाता हैं।

हम नारियल क्यों अर्पित करते हैं?

भारत में मन्दिर के लिए सबसे लोकप्रिय भेंट एक नारियल है। विवाह और पर्वों पर, नई गाड़ी, पुल, घर आदि का उपयोग करने से पूर्व भी, नारियल भेंट किया जाता है। जल से भरा एक कलश लेकर उस पर आम के पत्ते सजाये जाते हैं और ऊपर एक नारियल रखा जाता है – इससे महत्त्वपूर्ण अवसरों पर पूजा की जाती है और इसके साथ महात्माओं का स्वागत भी किया जाता है।

होम करते समय यज्ञ की अग्नि में भी नारियल को अर्पित किया जाता हैं। नारियल को फोड़ा जाता है और भगवान् के सामने रखा जाता है। बाद में इसे प्रसाद के रूप में वितरित किया जाता है। भगवान् को प्रसन्न करने के लिए अथवा अपनी इच्छाओं की पूर्ति के लिए इसे अर्पित किया जाता है।

एक समय था जब हमारी पशु-प्रवृत्तियों को भगवान् को अर्पित करने के प्रतीक के रूप में, पशु-बलि देने की प्रथा

थी। धीरे-धीरे यह प्रथा लुप्त हो गई और इस के स्थान पर नारियल अर्पित किया जाने लगा। सूखे नारियल के ऊपर के गुच्छे को छोड़ कर, उसका रेशा उतार दिया जाता है। नारियल के ऊपर के निशान एक प्राणी के सिर जैसे दिखाई देते हैं। नारियल तोड़ना, अहं को समाप्त करने का प्रतीक है। अन्दर का रस जो हमारी वासनाओं का द्योतक है, सफ़ेद गरी (जो मन का प्रतीक है) के साथ, भगवान् को अर्पित किया जाता है। इस प्रकार भगवान् के स्पर्श से शुद्ध हुआ मन - प्रसाद बन जाता है।

मन्दिरों में और बहुत से घरों में किए जाने वाले पारम्परिक 'अभिषेक' के अनुष्ठान में भी देवता पर दूध, दही, शहद, नारियल का कोमल पानी, चन्दन का लेप, भस्म आदि, बहुत से पदार्थ उँडेले जाते हैं। प्रत्येक पदार्थ का, श्रद्धालुओं को लाभ प्रदान करने की दृष्टि से विशिष्ट महत्त्व होता है। 'अभिषेक' की प्रथा में नारियल के कोमल पानी का प्रयोग इसलिए किया जाता है कि विश्वास के अनुसार यह एक जिज्ञासु का आध्यात्मिक विकास करता है।

नारियल निःस्वार्थ सेवा का प्रतीक भी है। इसके वृक्ष का प्रत्येक भाग - तना, पत्ते, फल, रेशा आदि का उपयोग

असंख्य ढंग से जैसे छप्पर, चटाइयाँ, स्वादिष्ट पकवान, तेल, साबुन आदिं बनाने के लिए किया जाता है। यह धरती से खारा पानी भी ले लेता है और इसे पौष्टिक मीठे पानी में बदल देता है, जो रोगियों के लिए विशेष कर लाभदायक है। इसका प्रयोग बहुत सी आयुर्वेदिक दवाइयां बनाने और अन्य चिकित्सा पद्धतियों के लिए भी किया जाता है।

नारियल के ऊपर बने चिह्नों को तो त्रिनेत्र भगवान् शिव का स्वरूप भी माना जाता है। इसीलिए यह हमारी इच्छाओं की पूर्ति का एक साधन समझा जाता है। कुछ विशिष्ट धार्मिक अनुष्ठानों में नारियल को कलश पर रखा जाता है, सजाया जाता है, इस पर माला चढ़ाई जाती है और इसकी पूजा की जाती है। यह भगवान् शिव का और ज्ञानी पुरुष का प्रतीक है।

हम 'ॐ' का उच्चारण क्यों करते हैं?

'ॐ' एक ऐसा ध्वनि-प्रतीक है जिसका भारत में सर्वाधिक उच्चारण किया जाता है। उच्चरित करने वाले के शरीर और मन पर तथा वातावरण पर भी इसका बहुत गहरा प्रभाव पड़ता है। बहुत से मन्त्र और वैदिक प्रार्थनाएँ ॐ से आरम्भ होती हैं। सभी शुभ कार्य 'ॐ' से आरम्भ किए जाते हैं। अभिवादन के लिए भी इसका प्रयोग किया जाता है जैसे 'ॐ', 'हरि ओम्' आदि। मन्त्र के रूप में इसका जप किया जाता है और इस पर ध्यान भी लगाया जाता है। इसके आकार की पूजा की जाती है, उस पर चिन्तन-मनन किया जाता है और मंगलकारी शुभ चिह्न के रूप में उसका प्रयोग होता है।

हम 'ॐ' का उच्चारण क्यों करते हैं?

'ॐ' ईश्वर का सार्वमौम नाम है। यह तीन अक्षरों से बना है – 'अ', 'उ' और 'म' से। वाक-तन्तु से उद्गम होने वाली ध्वनि, गले के तल से आरम्भ होती है – जैसे 'अ';

दोनों होंठों के पास में आने से 'उ' बोला जाता है और होंठों के जुड़ने पर, सभी ध्वनियाँ 'म' पर समाप्त हो जाती हैं। तीनों अक्षर तीन अवस्थाओं (जागृत, स्वप्न और सुषुप्ति) तीन देवताओं (ब्रह्मा, विष्णु और शिव) तीन वेद (ऋक, यजुः और साम) तीन लोक (भूः, भुवः और सुवः) आदि के प्रतीक हैं। ईश्वर यह सब और इनसे भी परे है। दो बार 'ॐ' उच्चारण करने के मध्य की 'शान्ति', निराकार और निर्गुण ब्रह्म को व्यक्त करती है। 'ॐ' को 'प्रणव' भी कहते हैं, जिसका अर्थ है वह चिह्न अथवा ध्वनि जिससे ईश्वर की स्तुति की जाती है। वेदों का सम्पूर्ण सार 'ॐ' शब्द में प्रतिष्ठापित है।

ऐसा कहा जाता है कि भगवान् ने संसार की रचना 'ॐ' और 'अथः' का उच्चारण करने के पश्चात् आरम्भ की। अतः ऐसी मान्यता है कि 'ॐ' ध्वनि किसी कठिन कार्य को आरम्भ करने के लिए शुभ होती है।

'ॐ' का उच्चारण एक घंटी के गूंज की ध्वनि जैसा होना चाहिए (जैसे अ ऽ उ ऽ ऽ म् ऽ ऽ)। यह मन को शांति से भर देता है और उसको उस सूक्ष्म ध्वनि मे संकेंद्रित कर

देता है। बहुत से लोग 'ॐ' के भावार्थ पर ध्यान लगाकर पूर्ण बोध को प्राप्त करते हैं।

'ॐ' विभिन्न स्थानों पर विभिन्न ढंग से लिखा जाता है। सर्वाधिक लोकप्रिय आकार 'ॐ' भगवान् गणेश का प्रतीक है। ऊपर वाली वक्र रेखा गणेश जी का सिर है, नीचे की बड़ी रेखा उनका पेट है, बगल की रेखा सूँड है और बिन्दी वाली अर्ध-वृत्ताकार रेखा गणेश जी के हाथ में मीठा लड्डू (मोदक) है।

इस प्रकार 'ॐ' सब कुछ व्यक्त करता है – जीवन का लक्ष्य और उस लक्ष्य तक पहुँचने का साधन (मार्ग), जगत् और उसका अधिष्ठान रूप सत्य (भौतिक साकार और आध्यात्मिक) और निराकार रूप – सब कुछ।

हम आरती क्यों उतारते हैं?

भगवान् की प्रत्येक आनुष्ठानिक पूजा भजन आदि की समाप्ति पर अथवा साधु महात्मा का स्वागत करते समय, हम आरती उतारते हैं। इसके साथ हमेशा घंटी बजाई जाती है और कई बार भजन गाया जाता है और वाद्य-संगीत और ताली भी बजती रहती हैं।

आरती पूजा-विधि के सोलह सोपानों (षोडश उपचार) में से एक है। इसका सम्बन्ध मंगलमय प्रकाश (मंगल नीरांजन) से है। जलता हुआ दीपक दायें हाथ में लेकर, भगवान् की सम्पूर्ण आकृति को प्रकाशित करने के लिए, दीपशिखा को दायीं ओर से आरंभ करके गोलाकार ढंग से घुमाया जाता है। भगवान् की आकृति का प्रत्येक भाग और सम्पूर्ण आकृति, बारी बारी दिखाई देती रहती हैं। घूमते हुए प्रकाश के साथ-साथ हम मन ही मन या फिर बोलकर प्रार्थना करते रहते हैं अथवा दीपक के प्रकाश से प्रदीप्त भगवान् की सुन्दर आकृति को केवल निहारते रहते

हैं। हमें अपनी प्रार्थना में बहुत अधिक गहराई का अनुभव होता है और उस समय भगवान् की मूर्ति में एक विशेष सुन्दरता प्रकट हुई दिखाई देती है। आरती के पश्चात् हम अपने हाथ ज्योति-शिखा (दीपक की लौ) पर ले जाकर, हल्के से अपनी आँखों को छूकर सिर के ऊपर लगाते हैं।

हम अपने बचपन से ही इस प्रथा को देखते और इसमें भाग लेते आए हैं। अब देखें कि **हम आरती क्यों उतारते हैं?**

प्रेम से भगवान् की पूजा कर लेने पर अभिषेक, मूर्ति को सजाने और फल-भोजन आदि समर्पित कर लेने पर, हमें उनकी सुन्दरता सम्पूर्ण व भव्य रूप में दिखाई देती है। हमारा मन दीपक के प्रकाश में, भगवान् के प्रत्येक अंग पर केन्द्रित हो जाता है। यह भगवान् के सौन्दर्य पर शान्त खुली आँखों से ध्यान लगाने के समान है। भजन, ताली और घंटी की ध्वनि उस आनन्द और मंगल के द्योतक हैं जो भगवान् के दिव्य दर्शन के साथ-साथ प्राप्त होता है।

आरती प्रायः कर्पूर के साथ की जाती है। इसका बहुत प्रभावशाली आध्यात्मिक महत्त्व है। कर्पूर जब जलाया जाता है, यह अपना अंश मात्र भी नहीं छोड़ता और अपने आप

को सम्पूर्ण रूप से जला देता है। कर्पूर हमारी अन्तर्निहित वासनाओं का प्रतीक है। ज्ञान की अग्नि ईश्वर (सत्य) को प्रदीप्त करती है और फिर हमारी वासनाएँ सम्पूर्ण रूप से अपने आप को जला देती हैं। हमारे उस अहं का अंश-मात्र भी नहीं बचता जो हमारे मन में 'मैं' का भाव उत्पन्न करता है और हमें भगवान् से अलग कर देता है। इसके अतिरिक्त जलता हुआ कर्पूर भगवान् की सुन्दरता को उद्घाटित करने के साथ-साथ अपना बलिदान करते हुए भी एक सुखद सुगन्ध छोड़ता है। अपनी आध्यात्मिक साधना में, गुरू और समाज की सेवा करने के साथ-साथ, हमें स्वेच्छा से अपने आप को न्योछावर कर देना चाहिए और हमारा कर्तव्य केवल सबके प्रति प्रेम की 'सुगन्ध' फैलाना होना चाहिए।

हम भगवान् को प्रदीप्त हुए देखने के लिए काफी प्रतीक्षा करते हैं, परन्तु जब आरती वास्तव में आरम्भ होती है, हमारी आँखें अपने आप बन्द हो जाती हैं, मानों हम अपने अन्दर झाँक रहे हों। यह इस बात का संकेत है कि हममें से प्रत्येक भगवान का एक मन्दिर है और दिव्यता हमारे अन्दर विद्यमान् है। जिस प्रकार पुजारी, आरती की ज्योति से भगवान् की आकृति का दर्शन हमें साफ-साफ कराता है, ठीक उसी प्रकार गुरू ज्ञान की 'ज्योति' की सहायता से

(अथवा आध्यात्मिक ज्ञान के प्रकाश से), हममें से प्रत्येक के अन्दर विद्यमान् दिव्यता का दर्शन हमें साफ-साफ करा देते हैं। आरती सम्पन्न होने पर हम अपने हाथ दीप शिखा के ऊपर ले जाकर, अपनी आँखों से और फिर अपने सिर के ऊपर लगाते हैं। इसका अर्थ है जिस प्रकाश ने भगवान् की आकृति को प्रदीप्त किया वही मेरी अन्तर्दृष्टि को प्रकाशित करे। मेरी दृष्टि दिव्य बने और विचार शुद्ध और सुन्दर हों।

आरती का दार्शनिक अर्थ और भी विस्तृत है। सूर्य, चन्द्र, तारागण, आकाश की बिजली और अग्नि ये प्रकाश के प्राकृतिक स्रोत हैं। ब्रह्मांड के इन सभी अद्भुत चमत्कारों का स्रोत ब्रह्म है। सृष्टि की प्रत्येक वस्तु के अस्तित्व और ज्योति का कारण केवल वही ब्रह्म है। आरती के प्रकाश से हम ज्यों ही भगवान् की आकृति को प्रदीप्त करते हैं, हमारा ध्यान प्रकाश के एकमात्र स्रोत पर चला जाता है, जो ज्ञान और चैतन्य जीवन का प्रतीक है।

सूर्य, बुद्धि का अधिष्ठाता देवता भी है, चन्द्र, मन का और अग्नि, वाणी का। ब्रह्म सर्वोच्च चैतन्य शक्ति है, जो इस सब को प्रकाशित करती है। उनके बिना बुद्धि विचार नहीं कर सकती, मन अनुभव नहीं कर सकता और वाणी बोल

नहीं सकती। ब्रह्म मन, बुद्धि और वाणी के परे है। ये सीमित वस्तुएँ अनन्त ब्रह्म को कैसे प्रदीप्त कर सकती हैं? इसीलिए जब हम आरती करते हैं, तो निम्नांकित पंक्तियाँ बोलते हैं :–

न तत्र सूर्यो भाति न चन्द्रतारकम्
नेमा विद्युतो भान्ति कुतोऽयमग्निः।
तमेव भान्तमनुभाति सर्वम्
तस्य भासा सर्वमिदं विभाति।।

अर्थात् वह वहाँ है जहाँ सूर्य का प्रकाश नहीं, न चन्द्र, न तारागण और न बिजलीका। तब (मेरे हाथ की) इस छोटी सी बाती की क्या बिसात? (ब्रह्मांड में) सबकुछ उस चैतन्य शक्ति का प्रकाश है और केवल उसकी ज्योति से ही हम सब प्रकाशित हैं।